Couvertures supérieure et inférieure
en couleur

L'auteur de cette brochure anonyme ("La voix de la famille", Paris 1846) est l'abbé d. Constant

Preuves :

1) Le Style et les idées de M. Constant

2) L'économiste allemand Lorenz Stein, étant à Paris précisément à l'époque de l'apparition de cette œuvre-là, en parle comme appartenant à la plume de l'abbé Constant. V. son "Histoire du mouvement social en France" t. II, p. 423

Nicolas Vedonozou

Le 23 Juin 1893.

LA
VOIX DE LA FAMINE

Le peuple a faim.
La France a peur.

PAROLES DE M. DE LAMARTINE.

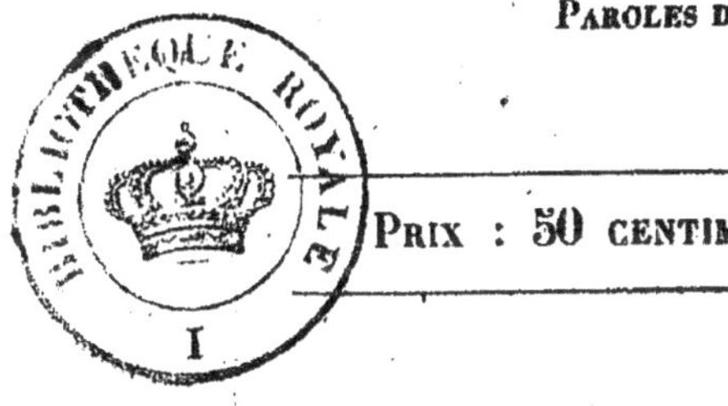

PRIX : 50 CENTIMES.

SOMMAIRE :

Quelques mots de l'auteur. — La disette et les incendies. — Sottise et inutilité des partis. — Pourquoi le pauvre a-t-il faim ? — Pourquoi la France a-t-elle peur ? — Ce que tout le monde comprend. — Ce qu'il faut faire pour être honnête, et ce qu'on pourrait faire si on ne l'était pas. — Le rêve d'un affamé. — Le creux de la philosophie. — Le cri d'agonie. — La curée des juifs. — Noces et funérailles.

Paris.

BALLAY AINÉ, ÉDITEUR,

PASSAGE COLBERT, 16.

1846.

QUELQUES MOTS DE L'AUTEUR.

Quand la corruption en a fini avec une génération, quand les hommes ne sont plus que des immondices vivantes, la Providence les balaie avec ses fléaux. Il vient un temps où les races abâtardies font ensemble un pacte de turpitude, et laissent se former un traité d'alliance entre leurs vices légalisés ; les passions animales se laissent parquer par un pouvoir qui les protége, et trouvent leur bonheur dans une inertie qui leur permet de s'assoupir en digérant comme des pourceaux à l'engrais. Le découragement gagne alors tous les nobles cœurs ; car les paroles généreuses n'ont plus d'écho, et l'abrutissement seul usurpe les honneurs de la sagesse et de la vertu ; il faut alors que Dieu s'en mêle ; il faut que la nature s'indigne d'être asservie à de pareils maîtres ; la terre, comme si elle se laissait pénétrer par la sueur de leur corruption n'aura plus pour eux que des germes pourris, les fleuves iront laver la place de leurs propriétés et de leurs villes, la Providence, par une dérision terrible, semblera enchérir sur l'inhumanité des riches, et affamera tellement les pauvres, qu'ils deviendront un fléau plus redoutable que l'inondation et les incendies : les débordements des rivières préluderont ainsi à d'effroyables débordements d'hommes. La lie des grandes cités fermente comme dans une cuve, dont elle inondera bientôt les bords d'une écume rouge et courroucée, et il se passera sur la terre des choses sans nom, qui laisseront leur tache sur les pages de l'histoire, et leur souvenir d'épouvante dans la mémoire des hommes.

Il semble que nous touchions à une de ces époques terribles, où le révolutionnaire divin prend lui-même la terre entre ses mains et la secoue. Les inondations, la famine et les incendies se présentent à nos portes comme des messagers sinistres, et tandis que les pourceaux du budget nous grognent encore aux oreilles la prospérité de la France, voici que l'éloquente voix d'un heureux de ce monde laisse tomber cette parole de tristesse et d'alarme : « Le pauvre a faim, et la France a peur ! »

Que la crainte du moins nous soit salutaire, et ne nous dissimulons pas nos dangers ! Quelque chose fermente dans les entrailles affamées du peuple, ayons le courage de nous faire son interprète, pour sauver ceux que peut menacer sa colère. Longtemps et patiemment nous avons souffert avec lui, nous dévouant à lui dire toute vérité, endurant les calomnies de ceux qui l'exploitent et qui voulaient nous étouffer comme un dangereux concurrent. Tantôt repoussé par tous les organes de la publicité comme atteint de la lèpre de la franchise, tantôt baillonné par les hommes de commerce et de peur, qui refusaient d'imprimer nos paroles évangéliques, accusé de fanatisme par les hommes sans Dieu, et d'impiété par ceux qui trafiquent de Dieu, nous nous sommes trouvé seul au monde ; et maintenant nous venons élever nos lamentations comme Jérémie, à travers le silence des ruines : c'est nous encore avec le même cœur et le même courage ; et si nos cris s'éteignent encore une fois sans écho, nous aurons à nous reprocher seulement d'avoir voulu réveiller des morts.

Nous faisons donc trêve un instant à nos rêves palingénésiques, pour écouter la voix de la famine ; nous allons, pour ainsi dire, nous abjurer nous-même et imposer silence à nos hymnes d'amour, pour répéter les rudes paroles de la multitude affamée. Notre muse se fera femme du peuple et descendra dans la rue en demandant du pain ; nous ferons succéder aux figures du langage mystique les invectives du pamphlet, afin que tout le monde nous comprenne, et que la société tout entière se coalise contre le danger commun ; car les fléaux qui désespèrent les pauvres, doivent épouvanter les riches, et c'est surtout dans les grandes calamités publiques que Dieu impose à tous les hommes la fraternité du malheur.

Nous sommes sans fiel et sans colère ; la menace qui respire dans notre langage n'est au fond que la crainte d'un ami de l'humanité, qui voudrait sauver tous ses frères au prix de sa vie. Toute la pensée de notre écrit est celle-ci : Voilà ce que les affamés doivent penser, voilà ce qu'ils peuvent dire ; songez à ce qu'ils pourraient faire, et prenez garde à vous !

Maintenant peu nous importe la haine des hommes aveuglés ; nous relevons d'un autre juge ! Taisons-nous devant les fléaux qui passent, et laissons parler, au lieu de nous, la grande voix de la famine !

LA VOIX DE LA FAMINE.

I.

Orateurs de la gauche, de la droite et du centre, vous êtes des bavards! ceux qui vous écoutent ont dîné et peuvent dormir! mais le peuple n'a pas d'oreilles. Les travaux ne vont pas et les subsistances sont chères; le pain augmente tous les jours, et quelle que soit la force de vos poumons et le timbre aigu de vos voix glapissantes, la famine criera bientôt plus fort que vous tous.

Quel vertige vous a égarés? Où nous conduisez-vous? Où nous arrêterons-nous? Où allez-vous tomber lorsque nous ne vous suivrons plus? La soif de l'or vous étrangle et vous fait monter la folie à la tête; — des chemins de fer! des actions! des dupes! de l'argent à tout prix et périsse le monde! Insensés qui jouez des gros sous sur le pont d'un vaisseau qui sombre! La société vous a-t-elle donc été livrée comme une curée à une meute? dites-le donc tout de suite alors, et place à ceux qui ont faim plus que vous! Arrière les bassets et les chiens couchants; voici le dogue populaire qui grogne et qui montre ses crocs! donnez-lui sa part si vous ne voulez pas qu'il devienne furieux et qu'il brise sa chaîne! Silence à toutes les criailleries de tant de sales petites bêtes! voici la famine qui aboie et le peuple qui demande pourquoi on l'oublie!

Par la grâce de Rotschild et du diable vous avez fait de belles choses; mais vous auriez dû mieux faire encore et organiser pour les ouvriers qui ont faim une noyade perpétuelle dans les glorieux marais de Fampoux! peut-être en viendra-t-on à de semblables fêtes populaires, et déjà comme si on les espérait, la famine commence dans les campagnes ses illuminations funèbres et ses feux d'infernale joie! Voilà comme on entend chez nous le progrès des lumières! L'hiver approche et la faim donne froid... rassurez-vous, nous avons des incendies! voici le drapeau rouge de la famine qui flotte au vent! voici la locomotive des ruines qui roule en traînant son panache de fumée... Aux armes, paysans! alerte, propriétaires! voici l'invasion de l'enfer! dehors toutes les fourches! en avant les fusils! mort aux incendiaires!.. et maintenant sauve qui peut!

Où sont les incendiaires? je vous le demande à vous qui avez le pouvoir de faire vivre le peuple et qui l'affamez! à vous qui refusez une patrie au pauvre et qui forcez le malheureux à être un ennemi public! gouvernants sans tête et sans cœur, eunuques du pouvoir, saltimbanques du ministère, endormeurs de la presse ou des Chambres, menteurs de toutes les opinions, courtiers de tous les partis.

Où sont les incendiaires? je vous le demande encore à vous, blêmes rhéteurs sans virilité, qui avez voulu faire de l'ordre social un fauteuil pour vos culs-de-jattes et de nos institutions amollies des coussins pour vos pieds goutteux !

Où sont les incendiaires? Vous le savez peut-être, vous prêtres sans religion, qui corrompez l'Évangile et qui, accroupis comme des chiens sous la table du mauvais riche, aimez mieux lécher ses écuelles que de secourir le pauvre Lazare!

Où sont les incendiaires? Vous vous obstinez à ne pas le savoir, exploiteurs effrontés de la misère qui allumez la rage dans le cœur de ceux qui travaillent pour vivre sans parvenir à vivre jamais! Vous l'ignorez aussi, n'est-ce pas? vous qui vous renfermez dans votre égoïsme, et qui consacrez comme un dogme religieux la maxime impie de *chacun chez soi, chacun pour soi !*

Que m'importe, dites-vous, que le pauvre ait faim? C'est juste! mais qu'importe au pauvre que vos maisons brûlent! Vous lui mettez le feu au ventre et vous vous moquez de ses tortures : il vous laissera brûler et rira de cet affreux spectacle! Ne faut-il pas que tout le monde s'amuse?— Mais c'est abominable, ce que vous dites-là ! allez-vous vous écrier. J'en conviens, mais est-ce plus abominable que ce que vous faites? Les hommes sont frères ou ne le sont pas; et selon vous ils ne le sont pas. Donc, lorsque leurs intérêts sont opposés, il est naturel qu'ils agissent en ennemis, et c'est bien là votre morale pratique!... Mais alors, je ne vois pas pourquoi ceux que vous *faites* mourir de faim ne vous feraient pas tout le mal possible. Ce serait très-vilain de leur part; mais de la vôtre, est-ce plus beau? L'homme que vous abandonnez lorsque vous pourriez l'empêcher de mourir n'êtes-vous pas son assassin? Or, la résistance à l'assassinat n'est-elle pas permise par toutes les lois divines et humaines! Pérorez-donc, beaux faiseurs de morale à l'usage des uns et à l'avantage des autres! Parlez-nous de résignation!— Tenez, bel agneau, mon ami; votre destinée ici-bas est d'être mangé par les hommes! bénissez Dieu et tendez la gorge au couteau! C'est très bon pour l'agneau s'il vous croit, car le pauvret ne saurait se défendre, mais allez un peu conter cette parabole à quelque sanglier de bon sens : il vous répondra par un coup de boutoir et découdra les flancs de son moraliste, qui n'est après tout qu'un boucher !

La colère vous monte à la figure, je le vois bien ; vous allez m'accabler d'injures, je le pense bien; et vous seriez tout disposés à me faire un beau petit écheveau à démêler en cour d'assises.— Allons donc! nous savons nos lois de septembre, et nous nous tenons sur nos gardes. — A qui d'ailleurs parlons-nous? à des ministres intelligents et utiles à la patrie? à des députés énergiques et dévoués au bien public? à des propriétaires pleins de probité et de justice? A Dieu ne plaise que nous attaquions les honnêtes gens que nous ne connaissons pas! — Qui donc veut se faire l'apologiste des lâches gouvernants, des traîtres à la patrie, des hypocrites et des voleurs? Disons-nous que messieurs tels ou tels soient des traîtres, des voleurs ou des hypocrites? c'est à leur conscience et à l'opinion de le dire! tant pis pour ceux qui s'attribuent nos invectives; nous ne les démentirons pas.

Ne changez pas les questions: nous n'attaquons pas la propriété; c'est vous qui la détruisez en la rendant injuste et impitoyable.

Nous ne justifions pas les voleurs, car nous condamnons les mauvais riches.

Nous détestons les crimes, et c'est pourquoi nous vous reprochons de les autoriser en quelque sorte par vos attentats.

Notre langage est hyperbolique parce que vos actes sont monstrueux. Nous voyons avec épouvante la réaction procéder par l'incendie; et c'est pourquoi, nous faisant les organes de la vindicte publique, nous venons vous montrer au doigt et vous crier en face : Il y a des incendiaires et nous les connaisons! ne cherchez pas à droite ou à gauche; baissez la tête et frappez-vous la poitrine; les scélérats que vous cherchez, c'est vous!

II.

SOTTISE ET INUTILITÉ DES PARTIS.

Jusqu'à présent les intrigants se sont servis du peuple sous le prétexte de le servir. On a fait faire des révolutions par lui et jamais pour lui. Deux fois le peuple a pris les Tuileries, et deux fois les bourgeois y sont entrés et ont mis les blouses à la porte; nous ne voulons plus d'une mystification pareille : que nous importe à nous l'opposition parlementaire, quand tous les partis font de l'opposition au peuple? Il y a des bourgeois repus qui méprisent franchement le prolétaire, et des bourgeois avides qui le flattent pour arriver par lui et le mépriser ensuite. Lesquels sont préférables? Les uns et les autres sont des lâches; les derniers sont des hypocrites et des menteurs. A qui a profité la révolution de 89? à la bourgeoisie. — Et le peuple? on lui a laissé les taches de sang! — Et l'on vient encore nous parler de la république! Des Robespierre au petit pied, des employés sans place, des avocats sans cause, des parleurs sans raison veulent recommencer le gâchis de 93, pour pêcher en eau trouble et jouer ensuite au petit caporal : Merci ! nous sortons d'en prendre ! Tant qu'on ne parlera pas de reconstituer la propriété d'une manière plus équitable, n'écoutons pas les phraseurs qui déblatèrent contre le pouvoir parce qu'ils ne sont pas au pouvoir. Nous savons que ces gens-là, une fois parvenus, sont des tyrans de la pire espèce, parce qu'ils sont en garde contre toutes les attaques employées par eux-mêmes contre leurs prédécesseurs, et qu'ils n'ont paru servir dans le camp de la liberté que pour en devenir les transfuges.

Certes, il s'agit bien de savoir si l'ambition de M. Thiers ou de M. Odilon-Barot est rassasiée lorsque les multitudes ont faim ? dites-moi un peu, compagnons charpentiers en chômage, cordonniers et tailleurs, forgerons et maçons, prolétaires de tous les états, pauvres de tous les âges, affamés de toutes les professions, lequel aimez-vous mieux de M. Thiers ou de M. Guizot?... Je vous entends, vous n'avez tous qu'une voix pour répondre : Nous aimons mieux du pain !

Et que nous font à nous les débats d'une tribune où le vrai peuple, le peuple qui travaille, qui produit, qui combat pour la défense de l'état, qui bâtit même des bastilles pour se faire canonner au besoin, où ce peuple, dis-je, n'est pas représenté? Les bourgeois font des lois pour leurs pareils : les prolétaires sont hors la loi, puisqu'ils ne peuvent concourir à la faire. On les tient donc en servage, puisqu'on leur impose la loi toute faite, sans qu'ils aient le droit de réclamer. Et que voulez-vous que lui fassent les triomphes d'amour-propre de tel ou tel Tartempion bavard, puisqu'on ne parle jamais pour lui ! l'état ne subsiste que par lui, et il n'est pas dans l'état ! sa condition est celle du cheval de carosse ; sans lui, rien ne marche, mais il faut qu'il supporte la pluie, la neige et les coups de fouet, pendant que le maître se prélasse au fond de sa voiture ! Certes, les chevaux de carosse sont de patientes et courageuses bêtes ; mais si ce n'étaient pas des bêtes, et si un jour, las de tant souffrir, tous les chevaux pouvaient s'entendre pour voiturer leurs cochers et leurs bourgeois à la manière des wagons de Fampoux, qui pourrait leur prouver qu'ils ont tort?

Mais, par bonheur, les chevaux sont des bêtes ; et le peuple doit ressembler aux chevaux s'il tient à avoir des principes. C'est une belle chose que la morale ! abonnez-vous aux journaux bien pensants ! lisez l'Époque !!!

Est-ce qu'il y a au monde un ouvrier de bon sens qui n'ait pas à dégoût tous ces sales écrivassiers dont la plume crache le mensonge et macule à prix d'argent un papier dont on ose à peine se servir ensuite pour des usages moins sordides ! Mais les journaux ne sont-ils pas les endormeurs à gage des bourgeois qui digèrent? Y a-t-il un vrai journal du peuple? Le bonhomme Cabet fait-il cuire du pain pour

nous en Icarie ? Celui-là du moins parle de réforme radicale ; mais c'est
un songe-creux et un endormeur. L'école des socialistes nous plaint
sincèrement et nous promet des phalanstères dans quelques siècles
et demi. — Et du pain pour demain ! voilà notre problême à nous !
Que nous importent vos utopies ? écrivez-les dans de beaux livres que
nous n'avons pas le temps de lire, et laissez-nous la paix, si vous n'a-
vez aucun remède à nous offrir pour la misère d'aujourd'hui et pour
la famine de demain.

Qu'est-ce au fond que tous les partis ? Des querelles de bourgeois
qui se disputent à qui mangera seul la part du pauvre peuple. — Et
que nous font à nous les noms des rois et ceux de leurs ministres ?
Nous ne sommes jamais gouvernés, on nous exploite. La politique,
c'est le tripotage des riches ; et qu'est-ce que tout cela nous fait ? On
nous joue à pile ou face, et nous nous amuserions au jeu des autres !
S'il s'agissait de jouer notre liberté contre des boulets de canon, nous
pourrions prendre intérêt au jeu, surtout si nous étions sûrs de n'ê-
tre plus les instruments d'une nouvelle ambition bourgeoise, ou les
chiens de chasse de quelque braconnier politique, qui nous renverra
au chenil à grands coups de fouet, quand il aura ramassé sa proie.

Voyez un peu ce qu'on écrit depuis quelque temps, et de quoi
l'opinion se préoccupe ! l'an dernier il n'était bruit que d'un sieur
Cormenin qui de républicain se serait fait ultramontain ; deux pas-
quinades également romaines ! on parle maintenant de Rotschild et
de ses actions : Deux sujets superlatifs en juiverie ! décidément nous
reculons dans l'histoire ancienne. Pour nous, gens du peuple, nous
savons peu d'histoire romaine ; mais nous n'avons pas oublié cependant la mort de Spartacus. Quant à l'histoire juive, nous savons
qu'elle finit à la ruine de Jérusalem ; soit dit sans allusion à la rue qui
porte ce nom : du reste, il nous tarde d'en finir avec le passé et de
commencer l'avenir.

III.

POURQUOI LE PAUVRE A-T-IL FAIM ?

Question grave, question fondamentale, dont les gens qui mangent
ne se préoccupent pas assez. Question que le riche fait avec une mé-
prisante ironie, et que l'ami de l'humanité répète avec un profond désespoir. Question d'économiste aujourd'hui, demain, peut-être, question de juge, à laquelle seront sommés de répondre sérieusement
ceux mêmes qui la font aujourd'hui avec le plus de dédain !

Pourquoi le pauvre a-t-il faim, lui qui n'a rien et qui n'est rien au monde? Ceux-là seuls devraient avoir faim auxquels la société donne le droit de manger! Mais c'est un fait terrible : il a faim! et ceux qui ont faim en sont réduits à cette alternative inévitable, de manger ou de mourir. De là peuvent naître tous les crimes! et si des attentats inouïs viennent épouvanter une société marâtre, les coupables pourront répondre aux questions de leurs juges par cette autre question péremptoire : Pourquoi le pauvre a-t-il faim?

Avoir faim, cela ne justifie ni le vol ni le meurtre, dit la morale. C'est vrai; mais se laisser mourir, n'est-ce pas un suicide? et le suicide n'est-il pas un meurtre? Placé entre deux crimes, que voulez-vous que fasse le misérable affamé? qu'il se tue ou qu'il vous tue? Il fera mieux de se laisser mourir, direz-vous, n'est-ce pas? Oui, sans doute, s'il prend ce parti, cela vaudra mieux pour vous; mais que feriez-vous à sa place? Voilà la question brûlante! Vous seriez vertueux et résignés, n'est-ce pas, si vous étiez livrés aux horribles tentations de la famine, vous qui, au milieu de la plus insolente richesse, n'êtes ni résignés ni vertueux! Il n'y a donc selon vous qu'un moyen de savoir se passer de manger, c'est d'avoir faim! Hommes généreux et profonds!...

Pourquoi le pauvre a-t-il faim? c'est à vous qu'il faut le demander, vous qui devriez être les pères des pauvres et qui n'êtes en réalité que les valets des riches, prêtres et prélats qui faites pieusement bombance, et qui, la face encore luisante et enluminée de bonne chère, allez prêcher l'abstinence à un peuple affamé! C'est à vous de répondre à cette question avant de vous mettre à table : êtes-vous les ministres de Dieu, et les pauvres sont-ils vos frères? Que répondrez-vous donc, lorsque vous aurez dîné, si quelqu'un vous demande au nom de votre maître : Pourquoi le pauvre a-t-il faim?

Je vous entends, vous parlez de vos aumônes, et vous croyez avoir accompli toute justice pour avoir jeté un sou à quelque mendiant de la rue! Mais les lois ne proscrivent-elles pas l'aumône en condamnant la mendicité comme un délit? Les lois ont raison : celui qui mendie est un lâche! — Mais vous voilà affranchis de toute espèce de devoir de charité, vous qui osez prétendre que la charité c'est l'aumône!

La faim est le supplice des honnêtes gens parmi le peuple; les voleurs n'ont pas faim et le gouvernement a pour eux des asiles, où ils sont nourris, logés et chauffés, et où on leur fournit de l'ouvrage. Oh! combien d'hommes voudraient en hiver se chauffer au poêle des prisonniers et manger le pain des voleurs!

Il est donc vrai qu'à cette question formidable : pourquoi le pauvre a-t-il faim? on peut d'abord faire cette réponse accablante : il a faim parce qu'il n'est pas voleur!

Si les voleurs ne réussissent pas, on les met en prison et on les nourrit : s'ils réussissent, ils deviennent propriétaires, et ils condamnent leurs anciens complices!

La terre produit assez pour tous; mais il est des gens qui croient avoir le droit de gaspiller du superflu, tandis que le peuple manque du nécessaire. Pourquoi donc le peuple a-t-il faim? C'est parce que le mauvais riche lui mange son pain ou le jette à ses chiens, ou le laisse se perdre!

Le pauvre a faim parce que le riche s'enivre. Le pauvre a faim parce qu'il travaille. Le pauvre a faim parce qu'il se résigne. Le pauvre a faim parce qu'il est soumis à des lois qui ne sont pas faites pour lui et qui favorisent toujours les riches!

Ainsi la faim est la récompense des vertus du pauvre; et les moralistes en viendront peut-être à faire de la faim elle-même une vertu à l'usage du peuple comme ils font de l'intempérance le privilége des bourgeois.

Le pauvre, en effet, est bien louable d'avoir faim; car si le désespoir le prenait une fois et qu'il voulût absolument vivre, il arriverait peut-être des bouleversements étranges!

Oui, le pauvre a faim parce qu'il est patient; — mais craignez de pousser enfin cette patience à bout! Si tous ceux qui ont faim s'entendaient seulement dans Paris pour pousser un cri le même jour et à la même heure, je crois que ce serait un bruit à faire trembler les tours de Notre-Dame et le dôme du Panthéon.

Je crois aussi que si cette grande voix de la famine s'élevait tous les jours à l'heure du dîner des riches, les grands mangeurs du budget et de l'agio sentiraient défaillir leur appétit.

Oui, le cri de la faim du pauvre doit être le remords du mauvais riche et lui traverser le cœur comme un glaive!

Oui, cette question suprême doit résonner sans cesse comme un glas funèbre à l'oreille des heureux du monde : pourquoi le pauvre a-t-il faim?

Vous dites que l'année a été mauvaise, et vous vous consolez de la cherté du pain en buvant de meilleur vin; mais pour qui les années sont-elles mauvaises? — pour les pauvres! — leurs travaux s'arrêtent et les vivres augmentent, les propriétaires deviennent de plus en plus impitoyables, les loyers sont hors de prix, les monts-de-piété s'encombrent de dépouilles qu'on laissera vendre presque pour rien; les prêteurs sur gage font fortune, et le malheureux père de famille reste sans crédit et sans ressources. Alors on le fuit comme un lépreux; il voit se fermer à son approche tous les cœurs, toutes les bourses et toutes les portes; il est stigmatisé de la plus déshonorante des flétrissures : — C'est un homme qui a faim, dit-on en parlant de lui, et chacun se croit autorisé lui jeter une dédaigneuse pitié ou d'insolents conseils. Il n'a qu'une ressource alors, c'est de se faire craindre ; car, à coup sûr, on ne le plaindra pas ! — Ceux qui ont faim ont toujours tort : ils ont manqué de prudence ou de conduite, c'est la Providence qui les punit ! — Certes, s'ils eussent gagné de l'argent à la manière de Judas, s'ils s'étaient enrichis des trafics les plus honteux, la Providence les absoudrait dans l'espérance peut-être de quelques bons dîners pour les ministres ; cette Providence est si indulgente pour l'appétit de ses protégés ! Quel est le curé de Paris qui refuserait une invitation à la table de Rotschild ? La cour de Rome elle-même ne trafique-t-elle pas avec les enfants d'Israël ? La pièce de cinq francs ! voilà le saint sacrement de l'Europe. C'est le signe définitif de la communion universelle !

Après cela, et pour en finir, demandez à la société, à la société tout entière : pourquoi le pauvre a-t-il faim ?

— Parce que c'est un maladroit, dira un agent d'affaires.

— Parce que c'est un paresseux, dira un voleur.

— Parce que c'est probablement un ivrogne, dira un prélat de ma connaissance, en débouchant une bouteille de champagne.

— Parce que c'est un lâche, dira un disciple de Lacenaire.

— Parce que la Providence le veut ainsi, dira pieusement M. Tartuffe.

— Vous vous trompez tous, dira un banquier goutteux et philantrope, le pauvre a faim parce qu'il se porte bien, et il est plus heureux que moi !

IV.

POURQUOI LA FRANCE A-T-ELLE PEUR ?

Remarquons d'abord la phrase de M. de Lamartine. — Le pauvre a faim et la France a peur ! Voilà donc dans notre pays deux puissances distinctes dont l'une épouvante l'autre. Le pauvre ne fait pas partie de la France, puisque, comme nous l'avons déjà remarqué, il n'a point de part au gouvernement représentatif. Le pauvre n'a point de patrie dans le monde ; c'est le proscrit universel : et de là à devenir l'ennemi public, il n'y a qu'un pas !

Oui, vous avez raison, M. de Lamartine, on peut dire : le pauvre et la France, comme on peut dire : le pauvre et les Flandres, le pauvre et l'Irlande, le pauvre et l'univers entier son exil ! Le pauvre, voilà le grand paria de notre âge ! voilà le Juif errant de la civilisation moderne ; voilà le proscrit de toutes les nations. Il y a entre les pauvres de tous les pays une communauté de misère qui fait disparaître entre eux toute différence. Leur intérêt est le même, leur ennemi est le même aussi ; et ce que le socialisme tentera inutilement, pour unir tous les peuples divisés par les ambitions opposées de leurs chefs, la famine est à la veille de s'accomplir, en faisant lever à la fois de toutes les contrées de l'univers, un peuple inconnu et terrible, qui envahira la terre rien qu'en s'y montrant : les sujets du royaume de la misère, la grande armée de la famine !

Voilà pourquoi la France a peur ; et voilà pourquoi aussi toutes les nations bourgeoises qui ont mis le pauvre hors la loi doivent trembler, comme tremblait cet ancien roi d'Égypte en voyant se multiplier ses esclaves ! Plus il avait rendu leur condition insupportable, et plus il les haïssait, parce que la mesure était comblée et qu'il n'y avait plus de pardon possible.

Le pauvre a faim et la France a peur ! La France ce sont donc les propriétaires français ? Et pourquoi ont-ils peur, eux qui se piquent d'appartenir à la nation la plus brave du monde ? Si c'est une guerre qui les menace, ils sentent donc qu'ils seront les plus faibles ? Si c'est une explication pacifique, ils savent donc bien qu'ils ont tort ? Si c'est un jugement, ils avouent donc qu'ils sont coupables ?

Que peuvent-ils invoquer pour contenir le débordement des multitudes affamées ? la religion ? Mais la religion dit que tous les hommes sont frères, et l'Évangile condamne à l'enfer le mauvais riche, pour n'avoir pas donné un peu de pain au pauvre Lazare !

La morale ? Mais en dehors de la religion, quelle base certaine donnerez-vous à la morale ? D'ailleurs est-il une morale qui conseille au riche d'exploiter le pauvre et de le laisser ensuite mourir de faim ? Oserez-vous même prononcer le mot de morale, vous les âmes damnées du commerce et de l'usure, vous les séides du coffre-fort ? Il vous reste donc les lois que vous avez faites et la force qui les protége ! Ah ! ceci change la question ! si c'est une simple question de force matérielle, on y pensera.

Vous savez bien que vous n'avez plus ni religion, ni morale, ni patriotisme ! c'est pourquoi vous sentez le besoin d'avoir des fortifications, des bastilles et des municipaux ! Mais tout cela ne vous rassure pas encore ; car tant que vous n'aurez pas chassé les affamés hors de vos murailles, tant que vous n'aurez pas broyé le dernier des pauvres sous le canon de vos bastilles, vous aurez vos ennemis au milieu de vous ! Oui , vos ennemis, parce que vous vous êtes faits les assassins de ceux qui devaient être vos frères ; vous avez songé à vous d'abord, à vous seuls, et vous n'avez pas compris que votre intérêt bien entendu eût été dans le concours du pauvre et dans sa gratitude fraternelle ! — Qu'il meure, avez-vous dit, que nous importe, pourvu que nous vivions ! Mais si le pauvre en dit autant de vous, et s'il agit de manière à réaliser ces affreuses paroles, qu'avez-vous à lui reprocher? Le meurtre, abominable de la part du pauvre, est-il innocent de la part du riche? Et si la faim n'excuse jamais les actions criminelles, que devra-t-on penser de ceux qui, regorgeant de tout, auront donné l'exemple de tous les crimes et les auront provoqués, en poussant à bout la patience des misérables?

Voilà pourquoi la France a peur; voilà pourquoi l'Europe entière doit trembler! Mais de quoi sert-il d'avoir peur? il vaut mieux s'armer de courage et en finir une bonne fois. Il faut que ceux qui prétendent manger seuls aient l'énergie de tuer ceux qui ont faim; c'est un différend à finir avec de la mitraille. La Grande-Bretagne donne déjà l'exemple; les nobles lords envoient à l'Irlande des ressources contre la famine : ce sont des pains économiques, cuits à la minute à la gueule des canons! Certes nous sommes loin de conseiller aux affamés de prendre l'initiative de la violence; nous les engagerions plutôt à ne pas se défendre lorsqu'on les tue, car c'est ce qui peut leur arriver de plus heureux !...

Allons, nobles dépositaires du pouvoir, un peu de générosité : quelques boulets de canon, s'il vous plaît! On dit que vous avez droit de vie et de mort, mais on se vante d'avoir aboli la torture; eh bien, donc, c'est au nom même de votre civilisation et de vos lois que nous refusons la torture; puisque vous ne voulez pas, ou que vous ne pouvez pas nous donner la vie, nous réclamons la mort, et nous aimons mieux, après tout, puisqu'il faut en finir, le rôle de victimes que celui de bourreaux !... Mais quoi! vous n'osez pas!... les attentats vous épouvantent lorsqu'il faut les avouer tout haut et les commettre avec courage; la crainte vous tient lieu de remords, et vous commencez à songer lorsqu'il faudrait agir!

La peur est le premier châtiment des lâches et le premier supplice des coupables.

Or, ceux qui gouvernent un peuple, et qui ne savent ni le faire vivre ni le faire mourir, sont des impuissants et des lâches, s'ils ne sont pas des scélérats!

Voilà pourquoi la France a peur!

V.

CE QUE TOUT LE MONDE COMPREND.

Tout le monde ne comprend pas *la Palingénésie* de M. Ballanche, *les Orientales* de M. Victor Hugo, *la Divine Épopée* d'Alexandre Soumet, *la Chûte d'un Ange* de M. de Lamartine; bien peu de gens comprennent l'héroïsme du gouvernement de juillet, la politique de M. Guizot, le patriotisme de M. Thiers, l'opposition de M. Odilon-Barrot, la morale du *Journal des Débats*, les vues sociales du *Constitutionnel*, le libéralisme des ultramontains, *les Tartines* de M. Eugène Süe, les vertus de Jules Janin et le livre mystique de M. de Balzac; infiniment peu de personnes comprennent les théories de Fourier, le communisme néo-catholique de l'abbé Constant, la philosophie de M. de La Mennais, *la Révélation évadienne* du Mapah, la conscience de M. Cabet et ses doctrines religieuses; personne ne comprend les mystères du vieux catholicisme, ni les dogmes du légitimisme, ni les progrès de l'obscurantisme; mais ce que tout le monde comprend, c'est qu'il faut travailler pour manger et manger pour vivre !

Ce que tout le monde comprend, c'est que l'exploitation est un vol, la concurrence une course où les travailleurs sont des chevaux qu'on éreinte au profit des patrons; le monopole un moloch qui dévore les malheureux enfants du peuple, et le règne de l'argent la justification de tous les crimes impunis.

Ce que tout le monde comprend, c'est que la puissance de l'argent est mille fois plus brutale que celle du sabre ; parce que l'homme le plus brave aura peur de mourir de faim !

Ce que tout le monde comprend, c'est que la corruption universelle confond tous les droits, rend douteux tous les devoirs et encourage toutes les audaces devant toutes les lâchetés.

Ce que tout le monde comprend, c'est que dans une meute qui dévore la curée, le plus sot de tous les chiens est celui qui se tient à l'écart, et le meilleur celui qui se fait la plus large place et happe le meilleur morceau.

Ce que tout le monde comprend enfin, c'est qu'on peut tout risquer quand on n'a rien à perdre; c'est qu'il vaut mieux en finir par une mort prompte que par une mort lente lorsque le mal est incurable.

Ce que tout le monde comprend, c'est que les bourgeois gouvernent pour eux, agiotent pour eux, parlent, écrivent et intriguent pour eux, et que si les ouvriers veulent qu'on s'occupe enfin de leur sort, il faut qu'ils s'en occupent eux-mêmes.

Ce que tout le monde comprend, c'est que le vil intérêt des bourgeois est de ne pas émanciper les travailleurs.

Ce que tout le monde comprend, c'est que les questions d'organisation de travail et de légalisation du salaire soient repoussées à l'unanimité par une chambre composée de manufacturiers enrichis et de propriétaires exploiteurs d'entreprises et d'usine.

Aide-toi, le ciel t'aidera. Voilà la plus claire de toutes les doctrines. Ajoutons-y un autre proverbe : L'union fait la force ! et nous aurons tout ce qu'il faut pour le salut du peuple.

Certes ! quand vingt millions de voix s'uniront pour dire : Nous voulons travailler à des conditions équitables ! nous ne voulons plus être exploités ! nous voulons du pain pour nous et pour nos enfants ! On verra si quelqu'un les fera taire !

Lorsque les prolétaires s'entendront d'un bout du monde à l'autre, lorsqu'ils constitueront la grande union ouvrière, lorsqu'ils agiront de concert comme un seul homme, lorsqu'ils seront tous disposés à mourir plutôt que céder le moindre de leurs droits, le monde prendra bientôt une nouvelle forme et un nouvel aspect.

L'ouvrier a faim, parce qu'il est isolé. Le jour où un peuple dira j'ai faim, la terre donnera ses fruits dans la crainte d'être dévorée elle-même.

Philosophes, moralistes, faiseurs d'utopie, vous avez dîné, n'est-ce pas ? dissertez longuement sur l'emploi de la vie, endormez-vous mutuellement, faites des voyages en Icarie ou des phalantères en Espagne ; il sera peut-être un jour très-utile de vous écouter ; mais nous sommes aux prises en ce moment avec une nécessité plus réelle et plus incontestable : celle de vivre d'abord !

Oui, vivre en travaillant ou mourir.... En quoi faisant ? Quelque parole imprudente allait m'échapper, mais heureusement je me suis souvenu à temps de la morale publique et des lois de septembre, et je vais pieusement écrire : Ou mourir en bénissant le gouvernement des bourgeois, les lois de septembre et les bastilles !

D'ailleurs, et que nos frères les travailleurs le sachent bien, nous répudions l'émeute et nous protestons contre tous les désordres. Nous ne conspirons pas contre le gouvernement établi, nous demandons seulement qu'on nous fasse place dans la commune patrie.

Ce qu'il nous faut, c'est une grande révolution sociale ; et nous la voulons pacifique, si cela est possible. Nous ne voulons pas attaquer, mais nous défendre ; et nous ne disons pas aux affamés de réagir, mais nous ne pouvons pas leur défendre de résister à ceux qui les tuent et d'insister pour vivre, comme c'est leur droit.

La religion est pour nous, la morale est pour nous, l'ordre social ne peut exister sans nous ; nous avons pour nous la justice du droit, l'énergie que donnent les maux trop longtemps soufferts, et l'immense majorité du nombre.

Ne vous irritez pas lorsque vous avez besoin de calme ; ne répondez pas à de justes représentations par des injures : nous ne sommes pas des séditieux ! Nous vous avertissons du danger, parce que nous voudrions vous en préserver. Des conspirateurs ne parlent jamais avant de frapper, et si nos paroles sont énergiques, c'est que nous ne voulons pas agir en traîtres! si toutefois on peut appeler traîtres ceux qui se bornent à défendre leur vie contre les assassins. — Non, nous ne voulons pas la guerre sociale ; mais nous voyons avec épouvante que vous l'allumez de toutes vos forces, et qu'en réduisant le pauvre au désespoir, vous lui ôtez toute espèce de frein.

A quoi bon maintenant des mensonges emmiellés et des palliatifs hypocrites? Ceux-là seuls trahissent la patrie qui lui dissimulent ses dangers. En 89, la cour ne croyait pas à la révolution, et ce sont les stupides endormeurs de ce temps-là qui ont préparé les couperets du 2 septembre, et l'exécution de Louis XVI. Celui qui sonne l'alarme n'a pas envie d'égorger les sentinelles, et on ne doit le punir que s'il est convaincu de mauvaise foi et si le danger qu'il signale n'est pas réel. Plût à Dieu que nous dussions être punis comme de faux alarmistes, et que la misère du peuple ne fût qu'un rêve de notre imagination troublée!

Lisez les journaux et voyez les nouvelles d'Irlande : Là les misérables s'attroupent en portant pour étendart un pain au bout d'une perche. L'impuissante agitation d'O'Connell est débordée par l'agitation bien autrement sérieuse de la famine ; et tous les hommes de cœur applaudissent, en voyant ce peuple, si longtemps trompé par un vieux jésuite, lui refuser enfin la dixme d'un pain qui leur manque et qu'il ne leur donnera pas! *La Démocratie pacifique* elle-même, ce journal d'un socialisme si modéré, ne déplore-t-elle pas l'aveuglement de ces infortunés Irlandais, qui, endormis par O'Connell dans une résignation stupide (nous citons les propres paroles du journal), n'ont plus même la dernière consolation des malheureux, l'espoir de la justice et le désir de la vengeance!

Les rapports qui nous arrivent de Flandres sont effrayants et dissimulent encore une partie de la réalité... le monde a faim, et les propriétaires ont peur! Voilà comment on devrait compléter la parole de M. de Lamartine.

VI.

CE QU'IL FAUT FAIRE POUR ÊTRE HONNÊTE ET CE QU'ON POURRAIT FAIRE SI ON NE L'ÉTAIT PAS.

Nos moralistes s'accordent tous pour promettre au pauvre résigné le royaume des cieux et pour lui en abréger le chemin. Aussi savons-nous bien quelle part on nous fait dans la vie, tout aux uns, rien aux autres! et ces derniers doivent bénir leurs destinées, parce qu'ils voyagent plus légèrement vers la mort.

2

Ainsi nous devons les plaindre, ces pauvres riches ; car ils ne passeront pas plus par la porte du ciel qu'un chameau par le trou d'une aiguille !.. grand bien vous fasse en vérité ! ainsi travaillons, jeûnons, prions et espérons le royaume de ciel, si toutefois il se trouve quelque part un prêtre qui veuille nous enterrer sans argent, et si l'on peut ouvrir le ciel sans graisser les clés de saint Pierre. Les devoirs de l'honnête homme sont gravés dans la conscience de chacun (style de moraliste) ; mais la conscience se forme d'après l'opinion. Or, voici que pour être honnête, le pauvre doit commencer par braver l'opinion : comment arranger tout cela ?

Selon le monde, l'honnête homme est celui qui paie : or, avec quoi le pauvre peut-il payer ?

La considération et l'estime publique devraient être en raison de l'honnêteté, et nous voyons qu'elles se mesurent à l'argent ! Le voleur impuni et parvenu, le vendeur de femmes enrichi, l'apostat salarié sont plus honorés que l'homme de génie sans fortune, que l'écrivain populaire qui souffre pour ses convictions, que l'ouvrier qui use sa vie avant le temps pour soutenir sa famille : il faut donc, pour être honnête selon l'opinion, se moquer de l'opinion ; et se résigner à être dupes sans avoir l'honneur de son courage : convenez que c'est un peu dur. Toutefois, voilà ce qu'il faut faire et voilà heureusement ce que font les pauvres, puisqu'ils n'exterminent pas les riches ! ils ont bien raison d'être honnêtes ! mais s'ils ne l'étaient pas, qu'arriverait-il ? on n'y songe pas sans frissonner d'épouvante.

Pour être honnête selon *l'Époque* et le *Journal des Débats*, il faut que l'ouvrier s'isole de toute camaraderie, qu'il travaille pour lui sans se préoccuper des autres, qu'il subisse sans murmurer l'exploitation du bourgeois, qu'il s'abstienne de lire et de penser, qu'il se marie le plus tard possible et qu'il ne fasse point d'enfants. Voilà ce que font quelques ouvriers qui aspirent à être de la garde nationale et qui portent des bonnets de coton. C'est fort bien fait à eux, et l'on ne saurait trop recommander aux autres de les imiter. C'est ainsi que les masses laborieuses deviendront de plus en plus honnêtes et surtout inoffensives... Mais si elles ne voulaient pas de l'honnêteté à ce prix qu'arriverait-il ? Plaise au ciel que nous ne le sachions jamais !

Dans ce monde organisé par l'égoïsme, dans ce monde où il n'y a pas place pour tous et où l'on ne peut subsister qu'en renversant quelqu'un, les scélérats sont ceux qui veulent vivre ; les honnêtes gens sont ceux qui se laissent mourir !

Voilà ce qu'a bien compris le malheureux Boyer, lorsqu'après avoir vainement lutté contre l'indifférence de ses frères, pour faire écouter ses conseils, il eut recours à la vapeur d'un réchaud pour chercher un monde meilleur.

Voilà ce que prouvait effroyablement le meurtrier Lacenaire, lorsqu'il faisait pâlir les juges en leur expliquant froidement la théorie du poignard.

Quelle société est-ce donc, mon Dieu! que celle où les natures énergiquement trempées n'ont souvent à choisir qu'entre le réchaud de Boyer et le poignard de Lacenaire! La résignation, c'est presque toujours le suicide; la protestation, c'est le crime : il faut choisir entre deux attentats!

Eh! n'est-ce pas déjà un crime que d'étouffer sa pensée et de pétrifier son cœur pour se faire le rouage d'une machine à argent? N'est-ce pas un crime que de fermer l'oreille aux sanglots de ses frères et d'épargner pour soi-même un pain qui pourrait leur sauver la vie!

Mourir donc! mourir lentement dans les angoisses de la faim! voilà tout ce qui reste à faire lorsqu'on ne veut pas s'avilir! Mais si l'on peut se laisser mourir de faim, peut-on abandonner sa femme et ses enfants aux horreurs du même supplice? Non! non! vous dis-je, on ne le peut pas! et alors dites-nous donc quel est le parti qu'il faut prendre! Répondez, moralistes ventrus, faut-il que l'affamé tue d'abord sa malheureuse famille? Mais a-t-il plus de droit sur la vie de sa femme et de ses enfants que sur la vôtre? Et si, dans la folie de son désespoir, il aimait mieux s'en prendre à vous, ne conviendriez-vous pas que la misère du peuple peut finir quelquefois par vous intéresser un peu?

Je vous le dis pour que vous y preniez garde, et que tout cela ne finisse pas par une effroyable jacquerie; les mesures les plus promptes et les plus complètes ne sauraient être prises avec trop d'ensemble et appliquées avec trop d'énergie! Si vous ne voulez pas ou si vous ne pouvez pas améliorer la condition des pauvres, prévenez les tentations de leur désespoir; faites une Saint-Barthélemy; je vous le dis encore une fois, afin que d'une manière ou de l'autre les multitudes soient tranquilles et n'aient plus faim!

N'attendez pas que le peuple soit complètement démoralisé, car votre pénalité deviendrait impuissante devant l'audace et le nombre des crimes. Ne laissez pas le pauvre à force de souffrir perdre entièrement l'amour de la vie, car la vôtre alors serait à sa discrétion, et ses vengeances seraient d'autant plus atroces qu'il serait plus dénaturé et plus abruti par la douleur! M'entendrez-vous?.. hélas! je crie avec angoisse : mais j'ai le découragement au fond de l'âme, et je ne sais quoi d'inexorable me dit toujours qu'il n'est plus temps et que vous ne m'entendrez pas!

Souffrons donc en silence et mourons, nous tous qui pouvons mourir, puis que la destinée du monde s'accomplisse!.. Quoi! mourir en désertant des rangs où combattent nos frères! mourir comme des transfuges de la douleur commune! S'enfuir à la veille du danger! Oh! si du moins en mourant nous assurions un morceau de pain de plus à un enfant ou à une femme! Mais non! le pauvre emporte avec lui sa fortune avec son travail; et l'unique héritage qu'il puisse laisser aux autres c'est la faim!

Non! ne donnons pas l'exemple d'un désespoir égoïste! souffrons pour les autres! nous avons le temps de mourir!

Unissons-nous, unissons-nous contre la famine! Formons la grande communauté des pauvres; organisons l'union ouvrière! demandons, réclamons, crions ensemble! tentons les derniers efforts pour obtenir miséricorde et justice! Qu'on nous dise franchement enfin si la société nous a condamnés à une réprobation éternelle! Efforçons-nous d'être honnêtes sans être victimes, et si cela ne se peut pas, ce sera à nous de nous demander si nous pouvons et si nous devons être éternellement victimes, et ce qui reste à faire lorsqu'on ne peut ni vivre, ni mourir.

VII.

LE RÊVE D'UN AFFAMÉ.

Les faiblesses de la faim causent des allucinations comparables à celles que donne l'usage du hatchis, avec cette différence, que les visions de la faim sont toujours terribles et désespérantes, comme le dernier rêve d'un condamné.

J'avais parcouru Paris en tous sens, nous racontait dernièrement un de nos artistes les plus originaux et les moins célèbres, et je n'avais pu trouver ni crédit ni travail. Un homme qui s'était dit longtemps mon ami venait de me refuser une légère avance pour me punir de n'avoir pas pensé comme lui; un éditeur avait refusé mes dessins, sous prétexte qu'ils ressemblaient aux anciens modèles et qu'ils étaient d'un trop grand style; partout j'avais été rebuté, et comme si ce n'était pas assez d'affronts, un journal de chantage m'avait offert de me prendre des articles en me donnant la portion congrue : j'avais refusé avec dégoût. Je rentrai chez moi la rage au front et le désespoir au cœur, et pour essayer de réaliser le proverbe suivant lequel *qui dort dîne*, je me jetai sur mon lit et j'essayai de m'endormir.

Il y avait plus de vingt-quatre heures que je n'avais pris aucune nourriture, je sentis un tournoiement dans ma tête et ma chambre me sembla agitée d'un mouvement de tangage comme une cabine de vaisseau. Tout-à-coup il me sembla que je me levais par un mouvement violent de rage, et que je m'élançais dehors.

Un épouvantable cortége défilait dans la rue : c'étaient des femmes échevelées, aux joues haves, aux yeux égarés ; c'étaient des enfants couverts de lambeaux et pieds nus, qui hurlaient d'une manière étrange... puis venaient une mêlée d'hommes à demi couverts de haillons, portant sur leurs épaules des vieillards morts de faim et des cadavres d'enfants au bout des piques... J'étais fou de terreur ! — Cette foule chantait je ne sais quel hymne sauvage sur l'ancien air de la Marseillaise... C'étaient les pauvres de Paris qui émigraient dans la Chaussée-d'Antin, après avoir mis le feu aux cloaques d'où ils étaient sortis. Plusieurs faubourgs étaient déjà la proie des flammes, et l'on voyait sortir des colonnes de fumée noire du quartier des halles et des ruelles de la Cité.

Le tocsin sonnait à toutes les églises. Bientôt j'entendis le canon gronder : des escadrons de cavalerie et des régiments de ligne fermaient bientôt les passages à la lugubre invasion... Je ne sais ce qui se passa ensuite, mais j'entendis des cris horribles, des jurements de soldats, le bruit sourd du fer sur les têtes qui se brisaient... Des fenêtres s'ouvrirent et j'entendis des applaudissements... Mais, sans doute, dans le vague du rêve, j'avais reçu à la tête une blessure et le sang m'aveuglait, car je ne voyais plus rien et j'entendais le tumulte continuer dans l'éloignement ; lorsque je revins à moi, des hommes balayaient la boue sanglante de la rue ; on venait d'emporter le reste des cadavres.

La nuit tombait et les monuments publics commençaient à s'illuminer : c'était fête ce jour-là à l'occasion du mariage d'un prince.

Des troupes commençaient à défiler à la lueur des flambeaux : c'était le cortége des nouveaux époux.

Tout était calme, des soldats armés faisaient une double haie, le carosse des princes roulait triomphalement.

Tout-à-coup une immense clameur se fait entendre, et une foule d'affamés, plus hideuse que la première, rompt les rangs des gardes, se précipite au-devant du cortége, et se jette sous les pieds des chevaux.

D'où sont sortis ces misérables ? personne ne le sait. Ce sont peut-être les fantômes de ceux qu'on a tués dans la journée : ce sont peut-être leurs frères, leurs amis ou leurs enfants ; mais ils pullulent dans l'ombre comme les vers autour des cadavres, et ils se traînent demi nus et déguenillés sur la voie triomphale, ils se couchent en travers du chemin et hurlent sous les pieds des chevaux épouvantés ; les princesses et leurs femmes poussent des cris de terreur ; les cavaliers trépignent et agitent leurs sabres ; ceux qui conduisent les voitures royales perdent la tête et poussent les chevaux à travers ces cadavres vivants, et des enfants maigres et livides roulent repoussés par les

pieds des chevaux, et les roues dorées des voitures tournent ruisse-
lantes de sang; il faut nettoyer encore la place et balayer la rue une
seconde fois!

Mais ici la vision devient plus confuse et plus fatigante, je vis les
hommes de peine du pouvoir se lasser sans suffire à enlever les morts:
plus on en ramassait, plus il y en avait: la porte des riches hôtels en
était encombrée, et les propriétaires qui revenaient de la fête ne pouvaient plus rentrer chez eux sans mettre les pieds dans le sang!

Plusieurs jours se passèrent dans l'horreur de ma vision, au gré du
délire de ma fièvre.

J'entendis tonner le canon des bastilles: les pauvres étaient mis
hors la loi; on les chassait comme des chiens enragés dans les rues
de la grande ville; les bourgeois armés gardaient leurs maisons et
leurs boutiques; tous les travaux étaient interrompus; des chariots
pleins de cadavres passaient lentement dans les rues désertes; et l'on
descendait vers la Seine, par les escaliers des quais, des civières char-
gées de morts.

Des piquets de soldats armés stationnaient au bout de toutes les
rues; et à tous ceux qui se présentaient pour passer on ne demandait
pas le mot d'ordre; on leur faisait seulement cette question : As-tu de
l'argent? S'ils montraient une ou plusieurs pièces de cinq francs, on
les laissait passer, sinon, ils étaient fusillés sur l'heure.

On égorgea ainsi le peuple entier pendant trois jours; car il me
semblait que plusieurs jours se passaient dans ma vision. Après cela,
je vis les riches s'assembler et se parler avec inquiétude; il fallait
suppléer au défaut des travailleurs, et personne d'entre eux ne voulait travailler. De la discussion ils en vinrent à la dispute, de la dispute à la menace, et de la menace au combat. Il y eut alors une con-
fusion horrible : les maisons de la ville semblèrent s'entrechoquer,
fenêtre contre fenêtre, boutique contre boutique; toute la ville effer-
vescente secouait des pierres et lançait des balles; une pluie de plomb
battait les murailles et brisait les vitres; mais voilà que tout-à-coup
les vaincus désespérés appellent la flamme à leur secours pour enve-
lopper leurs voisins dans leur ruine... Ici plus de secours possible. La
ville entière s'allume comme une torche funéraire, les hommes du
peuple ne sont plus là pour porter de l'eau et faire la chaîne : les soldats, las de massacre, ont brisé leurs sabres et dorment impassibles,
malgré les cris de leurs chefs. La flamme grondante s'étend et se dé-
ploie le long des rives de la Seine qui reflète les ondulations du feu et
la rougeur du ciel. Les sombres tours de Notre-Dame s'élèvent tristes et
noires au-dessus de cette tourmente, comme deux pointes de rocher
au-dessus d'un océan de flamme, et semblent assister de la part de
Dieu à cette catastrophe immense! Le Panthéon se couronne d'une

auréole rouge et semble, en s'abîmant dans la fumée, proclamer le
néant de la gloire... Paris est déjà dans la nuit du passé comme Baby-
lone et Ninive... Après les illuminations le grand feu de joie ; après
les noces les funérailles ; après le bruit d'un jour de fête, le silence
de l'éternelle nuit.....

Une vive douleur dans la tête et dans les entrailles m'éveilla et ter-
mina brusquement ma sombre vision. Le ciel était d'un bleu tran-
quille et pur ; le soleil couchant découpait des losanges sur l'embra-
sure de ma fenêtre et glissait des rayons d'or à travers les déchirures
de mes rideaux ; toute la ville était paisible ; et, à demi déployé sur
ma table, je retrouvai en me levant mon journal du matin tout rempli
de la description des fêtes offertes par l'Espagne à monseigneur le
prince de Montpensier.

O mon Dieu ! m'écriai-je, fais que ces jeunes époux soient heureux et que j'oublie les mauvais rêves que la faim envoyait à mon
sommeil ! Sauve ma triste patrie des horreurs de la guerre civile, at-
tendris le cœur des riches et donne de la patience aux pauvres !... Et
en achevant cette prière, je portai involontairement la main à ma
poitrine, une sueur froide inonda mon front et je ne pus m'empêcher
de murmurer tout bas, en me tordant et en me repliant sur moi-
même : Oh ! mon Dieu ! mon Dieu ! je sens bien pourquoi ma tête
est vide et mes visions épouvantables, c'est que j'ai faim ! Oh ! c'est
donc une réalité ! il y a donc des hommes qui ont faim ! et ce que j'ai
rêvé dans un évanouissement dont le souvenir m'épouvante encore,
qui sait s'ils ne le rêvent pas tout éveillés, et s'ils ne tenteront pas de
l'accomplir !

VIII.

LES PRÉVISIONS D'UN SERGENT-DE-VILLE.

J'eus occasion de rechercher les traces d'un homme que j'avais
connu autrefois : c'était alors un féroce républicain ; il avait risqué
sa vie dans l'émeute du 12 mai pour le consul Blanqui et le dictateur
Barbès ; il avait même serré la main [de Bergeron.... : c'était
un déterminé patriote ; puis il avait été mis à Sainte-Pélagie pour
crime d'association illicite, parce qu'on avait trouvé chez lui des listes
de noms suspects et le voyage en Icarie du sieur Cabet.

Depuis je ne l'avais pas revu et j'ignorais ce qu'il était devenu :
on put enfin me donner son adresse, on ne le trouvait que le matin ;
je me rendis chez lui un jour à huit heures, et jugez de ma mystification, lorsque je me trouvai en présence d'un sergent de ville !

Sa redingote d'uniforme était près de lui sur une chaise, mais il était déjà coiffé du tricorne de rigueur; et, accroupi devant sa cheminée que décorait vertueusement un buste en plâtre de S. M. le Roi, il aiguisait sur une large pierre la pointe de sa longue epée.

Il fut étonné de me revoir lorsqu'il se rappela ma figure et me regarda d'abord avec défiance : puis il se mit à rire de ma stupéfaction.

Quel changement! m'écriai-je tout d'abord avec une légère expression d'ironie...

— Vous trouvez, me répondit-il froidement : il n'y a de changé pourtant que la redingote et le chapeau.

— Vous oubliez l'épée.

— J'avais un poignard quand vous m'avez connu : celui-ci est plus long, et je suis autorisé à le porter, voilà tout.

— Mais vos fonctions ne sont plus les mêmes, et vous avez changé d'état?

— En apparence, sans doute; mais non pas en réalité : je conspirais et je conspire! ne voyez-vous pas que j'aiguise mon épée?

Pour tuer ceux qui étaient vos frères il y a quelques mois.

— Oh! pas précisément; je ne veux qu'aiguillonner le progrès.

— Votre plaisanterie est cruelle.

— Je ne plaisante jamais : je suis toujours socialiste avant tout, et homme d'action par-dessus tout.

— Je ne vous comprends pas.

— C'est pourtant bien simple. J'ai connu à fond les prétendus amis de la cause populaire, et j'en suis venu à désirer d'être de la police pour les arrêter. J'ai beaucoup fréquenté le peuple et je sais jusqu'où va son indifférence et son esprit de contradiction. Oh! combien de fois j'aurais voulu lui faire sentir l'épée de ses maîtres, pour le tirer de sa léthargie! les prétendus républicains m'avaient abreuvé de dégoûts, parce que je voulais servir une idée et non des hommes; j'étais réduit à l'impuissance de bien faire, ils me dénonçaient sous le prétexte que je devais être vendu : ils se vantaient de m'avoir expulsé de leurs sociétés prétendues secrètes dont je n'avais jamais daigné faire partie, ils m'accusaient d'être mouchard et me sommaient de me justifier devant eux : je leur ai répondu en me faisant sergent de ville.

— Ainsi vous voulez employer à vos vengeances personnelles l'épée que le gouvernement est censé vous avoir confiée pour la défense des lois et de l'ordre public!

Oh! non ; je fais mon service en conscience. Je suis convaincu que notre société pourrie convient aux lois qu'on lui a faites, et que ses lois lui conviennent. Je déteste cordialement les meneurs de partis qui ont découragé et dégoûté l'énergie du peuple; et, quand je songe aux turpitudes qui se sont dévoilées depuis quinze ans, quand je remue du pied tant de renommées tombées dans la boue, tant de fiers parleurs marchandés sans vergogne et vendus publiquement sans difficultés, tant de tartufes démasqués, tant de prétendus martyrs payés pour s'avouer infâmes, je considère la puissance qui nous gouverne comme la plus implacable des Némésis, et je me prends à aimer le chef de l'état comme un vengeur de la liberté outragée, et comme le plus grand des révolutionnaires. Je ne sais quelle est la pensée intime de ce grand homme d'état ; mais je devine quelle sera sur lui la pensée de l'histoire : il a arrêté la révolution pour lui faire reprendre haleine et l'empêcher de se tromper de chemin ; les misérables saltimbanques de la farce de quinze ans avaient cru l'accepter comme un complice et trouvèrent en lui un maître. Cet homme est le Molière de la royauté citoyenne ; son règne entier est une satire à laquelle applaudissent du fond de leur cœur tous les vrais hommes d'avenir. Comme tous les grands dominateurs qui ont usé la puissance en la poussant à bout, il a rendu après lui tout despotisme impossible. Napoléon en labourant le monde avec le sabre, en a usé le fer jusqu'à la garde ; Louis-Philippe a creusé le fond des cœurs avec son sceptre d'argent qu'il ne léguera pas à ses successeurs : c'est le Napoléon de la Finance ; et après ce grand homme qui règne par eux pour les user et les détruire, les juifs ne ressaisiront jamais le pouvoir, — la France s'éveillera rouge d'avoir été souffletée par des valets, mais déjà vengée par leur maître ; elle aura dormi le sommeil d'Épiménides pendant les jours de transition et d'ennui, et s'éveillera reposée et rajeunie à l'aurore de l'avenir. Oui, je vous le dis maintenant avec une conviction profonde, les sergents de ville sont plus utiles à la cause du progrès que les saltimbanques de la presse soi-disant républicaine, et les Brutus du National ; je suis une lanière vivante du fouet de la Providence qui chasse devant elle tous ces faquins et qui déjoue leurs petits et sales complots : et c'est pourquoi j'aiguise la pointe dont je suis armé. Laissez passer la justice du gouvernement de juillet.

En achevant ces paroles avec un rire amer, le sergent de ville essayait sur son doigt la pointe de son épée, puis il hocha la tête d'un air de satisfaction et remit lentement sa lame dans le fourreau.

Je ne pus retenir un geste de désapprobation et je fis un mouvement pour sortir : il fit un pas vers moi ; je crus qu'il voulait m'arrêter.

— Croyez-moi, me dit-il, éloignez-vous des conspirations mesquines de nos jours, s'il en est encore, et des petites émeutes si l'on doit en attendre encore. Les émeutes sont des tumultes de canaille ; il faut un peuple entier pour une révolution. Si un peuple se présentait devant nous pour passer, nous ne serions pas assez fous pour lui opposer nos misérables épées : nous ne sommes vraiment redoutables qu'aux voleurs ; et c'est pourquoi, maintenant, ceux qui voudraient se faire chefs de parti ont peur de nous. Les multitudes ne doivent plus se lever à la voix d'un homme, et si la Providence veut les conduire encore au combat, elle leur enverra ses grands fléaux pour guides.

Je vous demande un peu si tous les municipaux et tous les sergents de ville réunis pourront arrêter et conduire en prison la famine pour en disperser les soldats en les privant de leur chef ! Malheur au monde si la famine rassemble jamais sa grande armée ! En attendant si vous voulez être encore quelque chose après avoir été républicain, et si vous ne croyez pas devoir vous jeter à la Seine, faites-vous sergent de ville, mais n'écrivez pas dans *l'Epoque*.

IX.

LE CREUX DE LA PHILOSOPHIE.

Quand l'estomac est vide, la tête n'est pas saine ; et l'esprit digère mal des systèmes , quand le ventre n'a rien à digérer.

Philosophes qui voulez améliorer les hommes, commencez par les faire vivre.

Si le Christ n'a pas été un Dieu, c'était un sublime rêveur ! il a cru abolir le paupérisme en disant aux riches de donner volontairement leur bien à la communauté chrétienne. S'il a espéré qu'on l'écouterait, dix-huit siècles et demi disent qu'il s'est trompé : s'il connaissait assez les hommes pour savoir qu'on ne l'écouterait pas, il préparait donc aux pauvres une longue déception au risque d'une réaction terrible?... il méritait en ce cas d'être le patron des jésuites, car il agissait avec peu de franchise.

Mais nous n'avons pas à nous occuper ici de questions religieuses. La voix de la famine ne descend pas du ciel ; elle s'élève de la terre !

Assez longtemps les hommes, intéressés à prolonger la servitude des pauvres, ont fait parler Dieu comme un avocat des voleurs. S'il y a un dieu, c'est lui qui a créé nos besoins, et il crie impérieusement et victorieusement du fond de toutes les entrailles affamées : La voix de la famine est infaillible comme la mort, et irrésistible comme la foudre : c'est la grande trompette du jugement dernier, c'est la voix tonnante de Dieu !

Le cri de la faim est l'enseignement permanent de la sagesse humaine ; cultes, sociétés, politiques, gouvernements tout doit ressortir définitivement de cette révélation intime qui se fait sentir en nous tous.

Les systèmes et les utopies sonnent bien creux dans les oreilles, lorsque l'estomac est à jeun !

Que penseriez-vous d'un homme qui , au milieu d'une bataille , croiserait ses bras en rêvant à la concorde universelle, ou voudrait élever la voix, au milieu des fusillades et des canons, pour prêcher l'amour fraternel aux soldats acharnés les uns contre les autres?

Vous diriez que c'est un imbécille qui veut se faire tuer.

Eh bien ! voilà pourtant ce que font tous les jours les hommes à système , les poètes incompris , les faiseurs de synthèse, les messies palingénésiques, les néo-catholiques vaporeux, les éclectiques ennuyeux, et M. Pierre Leroux qui baille tout seul quand il fait bailler son école !

A des époques comme la nôtre, un seul dogme est vrai ; c'est celui-ci : Il faut lutter pour vivre ; il faut vaincre ou être vaincu ; il faut manger ou être mangé !

Une seule morale est raisonnable ; c'est celle-ci : Défendez-vous ! ne vous laissez pas faire par les autres ce que vous ne devez pas faire aux autres ! Si vous trouvez le lion endormi , tuez-le , si vous pouvez, avant qu'il ne s'éveille ! Au plus alerte les avantages du terrain; au plus hardi le gain du temps ; au plus fort le champ de bataille !

Commençons par avoir une patrie , avant de nous embarrasser à des théories de gouvernement. Du pain, avant des symbôles de communion ! la réalité d'abord, puis nous songerons à la poésie! le nécessaire à tous avant que le luxe soit permis ; la vie d'abord et ensuite les plaisirs de la vie ! Sauvons nos têtes si nous voulons penser; donnons du sang à nos cœurs si nous voulons aimer !

La vie d'abord ! la vie qu'on nous dispute, la vie qui appartient à tous , la vie que des vampires absorbent en eux seuls ; guerre aux vampires ; bataille aux assassins ! Sauvons nos enfants et nos femmes! assurons un avenir au peuple... Il a des hommes qui ont faim ! celui que cette parole n'émeut pas doit être rejeté de la société des hommes. Ce n'est pas là un rêve : le pauvre a faim! le pauvre a faim !

L'homme doit-il la vie à l'homme? Répondez; oui ou non ! Si c'est oui, pourquoi laissez-vous mourir vos frères ? Si c'est non , pourquoi voulez-vous qu'on vous laisse vivre ? mais soyez donc justes au moins, misérables ! et si c'est la guerre que vous voulez, déclarez franchement la guerre ! Comment dormiez-vous sur un volcan? L'Europe est minée par la famine , et vous riez sur le gouffre qui va s'ouvrir sous vos pas ! Vous dansez sur la fosse aux lions ! vous avez repoussé les prolétaires du rang des hommes, vous voulez qu'ils soient pour vous des brutes ; vous les irritez en les affamant !......

Ceux que Dieu veut perdre, il les aveugle ; et à vous voir marcher, on a peur que vous ne soyez perdus !

Archimède ? Archimède ! tu cherches la solution de ton problème sous l'épée du vainqueur de Syracuse ! L'épée ne sait pas attendre, et va résoudre pour toi le problème de la vie ! Tu cherchais un levier pour soulever le mond tu n'en trouveras pas un pour repousser la mort !

X.

LE CRI D'AGONIE.

Assez ! assez ! mais vous voyez bien que vous nous tenez le pied sur la gorge, et que nous tirons la langue et que nous râlons ! ah ! infâmes ! nous nous sommes couchés à vos pieds pour demander justice, et vous marchez sur nous ! arrière ! mais vous ne voyez donc pas que si nous nous relevons vous allez tomber !

Oui, vous tomberez si vous ne voulez pas nous tendre la main ! nous sommes forts, parce que nous en sommes venus à ces convulsions de l'agonie où la vie qui s'échappe tente un effort désespéré. Oh ! pourquoi avez-vous laissé la lumière pénétrer jusqu'à nous ? pourquoi avez-vous détruit vous-mêmes le moyen-âge et ses prestiges, la religion et ses promesses ? comment voulez-vous que nous dormions encore dans les vieilles servitudes ? vous nous avez réveillés par la violente secousse de votre affranchissement égoïste, et vous prétendez seuls être libres ; et nous donc, et nous !

Eh bien, maintenant, nous allons vous le dire en face ; nous pouvons nous passer de vous, et sans nous vous n'êtes rien ; nous travaillons et vous êtes oisifs ! nous mourons cependant, et vous vivez ! Faut-il donc absolument que vous mouriez pour que nous vivions ? N'avez-vous rien de plus que la brute à la place du cœur et des entrailles ? rien ne vous touche, rien ne vous émeut, rien ne vous arrache à votre insolente apathie ; ah ! le sang qui nous reste se glace dans nos veines ; nos cheveux se dressent sur notre tête… nous rejetons avec des cris d'épouvante les armes qui nous tombent sous la main… les larmes jaillissent de nos yeux, non ! nous ne menaçons pas ; nous supplions ! grâce ! nous nous traînons à genoux et nous étendons vers vous nos mains convulsives !… oh ! ce n'est rien que de craindre la mort ! Sauvez-nous maintenant des horribles tentations que donne la famine ! sauvez-nous du meurtre ! grâce ! tuez-nous ! tuez-nous par pitié pour que nous ne devenions pas des assassins !

Mais quoi ! j'entends des hurlements de femmes… elles s'élancent furieuses, grinçant des dents, riant d'un effroyable rire et regardant avec des yeux fous… elles tiennent les enfants expirants collés à leurs poitrine maigre et les étouffent contre leur sein flétri… assez !… assez !…

Oh ! tant que ce peuple souffrira ainsi le pain sera amer à ma bouche, le vin me paraîtra mêlé de sang, et dans l'eau dont je m'abreuve il me semblera que je bois des larmes !… O Dieu crucifié

par les Juifs. ne t'es-tu donc pas assez tordu dans les horreurs de l'a-
gonie? C'est le peuple qui est le Christ abreuvé de fiel!... Malheureuse Irlande, qui disputes une pâture malsaine aux pourceaux
affamés, et qui ne parviens pas même cette année à trouver pour eux
et pour toi assez de cette vile pâture! Que fais-tu, à côté de l'Angle-
terre gorgée d'or et assoupie dans la morgue ennuyée de son égoïsme
et de sa richesse? Que peux-tu attendre de ton prétendu libérateur
qui se fait un luxe de roi avec tes deniers arrachés plutôt à tes en-
railles qu'à ta bourse toujours vide? On cherche à t'endormir par des
discours : mais la famine ne dort pas, et les paroles ne remplissent pas
le ventre!.., On te refuse du pain : pourquoi n'en demandes-tu pas à
tes maîtres? ne sais-tu pas que les nobles lords en ont trop? Viens
t'asseoir tout entière où tu n'es pas invitée : toute honte doit cesser
où finissent tous les sentiments humains. Les bourreaux des Césars,
la veille des jeux du Cirque, donnaient un dernier festin aux martyrs.
Eh bien, si c'est demain que l'humanité doit combattre les bêtes
féroces, que les usurpateurs de la terre lui donnent au moins aujour-
d'hui son repas libre, et qu'ils soient salués par ceux qui se préparent
à mourir.

XI.

LA CURÉE DES JUIFS.

Il est un peuple dont la vengeance patiente a travaillé sourdement
pendant dix-huit siècles une société qui le proscrivait. Les juifs, à
qui le christianisme du moyen-âge refusait une place dans le monde,
se sont cotisés pour acheter le monde, et ils devaient y réussir le
jour où les maîtres du monde seraient des Judas!

Nous touchons à l'heure où le coffre-fort d'Israël aura absorbé
toute la richesse publique. Ils échangent contre l'argent du monde
entier des trésors fictifs et des papiers dont leur crédit détermine la
valeur : maintenant ils peuvent perdre ou sauver : ce sont plus que
des rois, ce sont les dieux de ce monde : ils peuvent en changer la
face par une banqueroute générale, et jeter, s'ils le veulent, tous les
capitaux de nos agioteurs dans le mannequin d'un chiffonnier! Oh!
si le feu prenait à tous ces papiers de la juiverie, quel incendie universel! Heureusement pour notre misérable société, Rothschild passe
pour un juif peu fervent : car s'il se souvenait des massacres et des
proscriptions exercés autrefois contre ses pères, il n'aurait qu'à com-
mander la Saint-Barthélemy des actions, et à l'exemple de Moïse, il
empoisonnerait tous les adorateurs du veau d'or en leur en faisant
avaler les cendres!

Voilà donc où en est venue notre belle civilisation chrétienne! Elle
est tombée dans les filets des juifs! Ils peuvent la garotter, la souffle-
ter, la flageller et la crucifier à leur aise; ils l'ont payée aux Judas
de la presse du ministère et de la tribune : les journaux sont les ban-
quistes des banquiers, les députés sont les commis-voyageurs des

compagnies de chemins de fer, les ministres sont des gérants de la société mise en commandite. Tout agiote, tout brocante, quelques roquets se disputent la curée, tandis que la meute populaire est là qui attend et qui aboie.

Certes, si les destinées des juifs ont été longtemps déplorables au milieu des populations fanatiques, leur vengeance est bien épouvantable et le monde s'en souviendra! Ils ruinent les riches et affament les pauvres : et lorsqu'ils seront las de leurs créanciers, ils les abandonneront sans doute aux réactions de la famine, puis ils riront de voir leurs anciens ennemis s'entr'égorger!

C'est ainsi que les parias finissent par avoir leur tour! Il n'y a plus maintenant de distinction entre le juif et le chrétien, il y en a seulement entre le riche et le pauvre. Le pauvre seul maintenant est le réprouvé du monde, le vrai juif-errant, le maudit. Mais l'heure de son repos et le jour de son règne ne sont peut- être pas loin : selon les traditions, le juif-errant doit marcher jusqu'au jour du jugement universel; or, je ne pense pas que le vrai jugement universel puisse longtemps se faire attendre. Déjà le grand huissier de Dieu élève la voix pour y appeler tous les hommes... c'est la voix de la famine.

Que les juifs achèvent donc leur orgie, qu'ils pétrissent comme les nécromans du moyen-âge d'infernales azimes avec le sang du peuple, ils n'ont plus à craindre l'inquisition espagnole, mais qu'ils prennent garde d'avoir nos grandes villes pour bûchers quand viendra la fatale époque de l'auto-da-fé humanitaire!

Le monde finirait s'il devait longtemps rester ainsi : — un tripot au milieu d'un hôpital! — Plus d'enthousiasme! plus de gloire! plus de génie! Les grands hommes de nos jours sont des usuriers qui prêtent leur intelligence à la petite semaine ; nos prêtres semblent spéculer sur la beauté des saintes, et font de leurs églises coquettes des lieux d'exposition et de rendez-vous. Les Juifs ont revendu aux Chrétiens les dépouilles de Jésus et perçoivent un droit de prime sur le commerce des indulgences et des reliques... Oh! si le Christ revenait avec son fouet de cordes et son cortége populaire, comme il fustigerait tous ces misérables vendeurs!

Emportez tout cela d'ici! Otez-vous, qu'on balaie la place ; emportez votre argent, Judas, et allez vous pendre : vous serez justes alors pour la première fois! Dans une cause aussi inique vous méritez d'être à la fois les juges, les condamnés et les bourreaux!

XII.

NOCES ET FUNÉRAILLES.

L'Espagne donne des fêtes, la Suisse tire le canon, les princes se marient, l'ultramontanisme agonise, les rois disent qu'ils se portent bien, les pommes de terre sont malades, les têtes des socialistes sont comme les pommes de terre : la cour danse, les entrailles du pauvre chantent et le peuple paiera les violons !

Dites-moi un peu si quelqu'un se souvient en France de nos prisonniers massacrés par Abd-el-Kader !

Nargue du sot qui meurt pour sa patrie !
Enivrons-nous ! enivrons-nous !

C'est bien : il fait à la fois du soleil et de la pluie. Le temps est au beau et à l'orage en même temps : le diable bat sa femme et marie sa fille... d'autres disent son fils : ce sont des séditieux qui certainement ne valent pas le diable. Allons, vive la joie ! Après nous la fin du monde ! Nous sommes aux noces de Gamache, et la plus belle poésie ne vaudrait pas ici la langue de Sancho Pança !

Oui, c'est le moment de rire lorsqu'on a le désespoir au cœur ! Pourquoi songer à des maux sans remède ? Pourquoi parler de liberté à des esclaves ? Il vaut mieux les amuser par des spectacles de marionnettes, comme le chante si bien Béranger. Allons, chantons, dansons ! Il y aura encore de grands galas et les chiens auront des os. Cela commence comme le conte de *la Belle au Bois dormant*. Toutes les puissances sont représentées au banquet, fières et pimpantes comme des fées. Gare à la vieille qu'on n'attendait pas ! Une grande puissance a été oubliée dans les invitations. Il est vrai qu'elle eût dévoré à elle seule le dîner des rois et des reines, des princes et des princesses, des courtisans et des dames... Cette puissance, c'est la famine !...

Princes, nous ne voulons pas attrister vos fêtes ; mais la joie de vos fêtes ne parviendra pas à égayer la profonde tristesse des peuples.

Oui, nous sommes tristes, parce que vous vous mariez à une époque lamentable. Nous sommes tristes pour vous, parce que vous êtes jeunes au milieu d'une société décrépite, et parce que vos fêtes ressemblent à un bal improvisé par les marchands d'une caravane, au milieu des ruines de Palmyre ! Nous sommes au siècle des grandes funérailles sans pompe et sans deuil ; les hommes ne savent pas plus maintenant sourire à l'avenir que pleurer sur le passé. Déshérités par la gloire, ils lui donnent le néant pour sépulture et n'estiment la valeur des aïeux que la bourse à la main : on ne croit plus aux destinées dont personne ne veut faire l'escompte ; on demande ce que rapporte le dévouement, les vertus ont leur tarif et leur balance, et si Caton voulait maintenant protester par la mort contre la chute de toutes les libertés, les journaux enregistreraient son suicide à l'article des faillites, et les philosophes ne verraient dans le héros d'Utique qu'un sot banqueroutier de la vie.

Non ! ce n'est pas là le dernier mot des destinées humaines, et nous ne poussons des cris de désespoir que dans l'impatience de notre espérance. Le vrai désespoir n'a ni voix ni larmes. L'homme qui crie appelle du secours ! J'appelle donc le riche au secours du pauvre, et j'appelle en même temps au secours du riche une salutaire frayeur ! Car le riche et le pauvre sont des hommes et ne sont pas faits pour s'entredétruire. Qu'on n'affecte pas de prendre des avertissements pour des provocations et qu'on ne nous reproche pas la sombre énergie de nos paroles. Les grands cris conviennent à ceux qui se font les interprètes des grandes douleurs : et d'un mal qu'on veut prévenir, il ne faut pas dissimuler l'étendue. Et qui donc se plaindra, sinon ceux qui souffrent? Et comment pourra-t-on venir au secours de celui qui périt si une fausse honte lui fait garder le silence?

Princes, puisse votre mariage être heureux malgré les malheurs du monde! Puisse le deuil universel de la misère ne pas poursuivre vos regards sous le luxe passager de vos fêtes! Puissiez-vous ignorer, du moins tant que dureront les festins des deux cours, qu'il y a des hommes affamés, des femmes qui se prostituent par misère, et des enfants qui meurent lentement avant d'avoir connu la vie!

D'ailleurs, nous le savons, ce n'est pas à vous qu'il faut s'en prendre : que pouvez-vous contre l'égoïsme des mauvais riches? Du moins, vous qui êtes les dépositaires du pouvoir, laissez-nous leur parler au nom de leur propre intérêt, au nom de leur sûreté, de leur propriété, de leur vie! Que la voix du pauvre arrive au moins jusqu'à vous : Pensez-y! parlez aux riches, provoquez d'utiles réformes, marchez à la tête du progrès, favorisez l'organisation du travail, calmez le peuple, sauvez le monde!

Le voulez-vous? je dois croire que vous le voulez. Mais le pourrez-vous? Oh! je couvre ici mon visage de mes deux mains et je frissonne malgré moi!

Peut-être faut-il s'écrier avec Châteaubriand : « La génération présente est perdue! »

Qu'importe une génération, pourvu que l'humanité marche et qu'elle arrive! Mais ne restons pas oisifs et enchaînés par la torpeur! Plus le danger est grand plus il faut déployer d'énergie. La mort paraît moins cruelle lorsqu'on meurt en se défendant. Or, nous avons tous un même ennemi dont il faut prévenir l'invasion. Unissons-nous pour repousser la famine. La terre produit pour tous; il faut que tous aient part à sa fécondité. Malheur à ceux qui s'isolent de l'intérêt commun! Malheur à ceux qui s'endorment après avoir mangé seuls et qui se bouchent les oreilles pour ne pas entendre gémir ceux qui ont faim! Les égoïstes ne se trouvent pas seulement parmi les riches. Combien de pauvres aspirent à s'enrichir pour être insolents à leur tour? Combien d'hommes du peuple méprisent le peuple et se font les valets de ces mêmes bourgeois qu'ils détestent par envie! Non, ce ne sont pas les différentes classes de la société qui séparent et distinguent les hommes ; ce sont les lumières de l'esprit et les qualités du cœur! J'ai dit : Il n'y a plus de grands ni de petits, il y a des riches et des pauvres! et maintenant j'oserai dire : Il n'y a ni riches ni pauvres ; il y a des bons et des méchants!

Le bon riche est le père du pauvre, et le mauvais pauvre ne vaut pas mieux que le mauvais riche. Par malheur, les mauvais riches sont nombreux et les bons pauvres sont rares. C'est ce qui nous épouvante. Lorsque nous cherchons en vain des espérances pour le monde dans la sagesse des riches et dans la moralité des pauvres, lorsque nous cherchons quelle digue on pourra opposer au débordement des multitudes affamées, et lorsque dans le silence mortel de toute religion et de toute vertu nous entendons s'élever du monde entier la voix terrible de la famine!

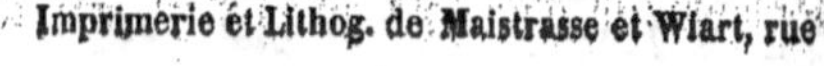

CE DOCUMENT A ETE TROUVE DANS LE VOLUME

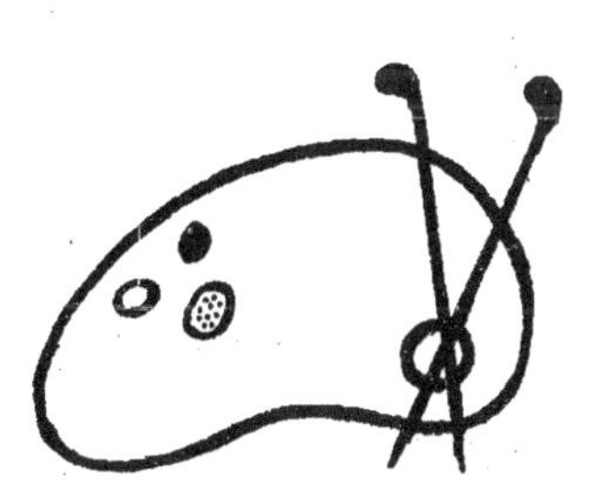

Original en couleur

NF Z 43-120-8

RECTO ET VERSO

Preuve supplémentaire :

cf. procès contre Alphonse CONSTANT
rapporté

1. dans le Moniteur :
    8 février et 15 mars 1847

2. dans la Gazette des Tribunaux
9 février et 16 mars 1847

G. Gembries 17 mars 1978

www.ingramcontent.com/pod-product-compliance
Lightning Source LLC
LaVergne TN
LVHW020447060726
842525LV00005B/1589